U0898898

图书在版编目（CIP）数据

九点领导力之承诺篇 / 黄荣华，梁立邦著 .— 杭州：浙江工商大学出版社，2019.5

（人本教练模式系列效率手册）

ISBN 978-7-5178-3177-8

Ⅰ .①九… Ⅱ .①黄… ②梁… Ⅲ .①领导学—通俗读物 Ⅳ .① C933-49

中国版本图书馆 CIP 数据核字 (2019) 第 058283 号

九点领导力之承诺篇

黄荣华　梁立邦　著

责任编辑　唐　红　谭娟娟
封面设计　王杨帆
责任印刷　包建辉
出版发行　浙江工商大学出版社
（杭州市教工路 198 号　邮政编码 310012）
（E-mail: zjgsupress@163.com）
（网址：http://www.zjgsupress.com）
电　　话　0571-88904980　88831806（传真）
排　　版　程海林
印　　刷　北京旭丰源印刷技术有限公司
开　　本　880mm × 1230mm　1/32
印　　张　5.75
字　　数　104 千
版 印 次　2019 年 5 月第 1 版　2019 年 5 月第 1 次印刷
书　　号　ISBN 978-7-5178-3177-8
定　　价　45.00 元

浙江工商大学出版社营销部邮购电话 0571-88904970

目 录

第一部分 理论介绍

第二部分 具体操作

总结补充

第一部分

理论介绍

关于效率手册

承诺能力五部曲

祝贺你，选择了这本《九点领导力之承诺篇》，这表明你已迈出了释放你与生俱来的承诺能力的第一步。接下来，简单地说，只需六步，三个月后，你会发现你的与生俱来的承诺能力将得以完全发挥！

>>> 第一步 选择本效率手册

你已完成了！

>>> 第二步 描绘成功蓝图

成功蓝图是你人生的愿景，是你人生的价值。这一步非常重要，成功只属于那些愿景清晰、强烈及有承诺的人。

>>> 第三步 承诺能力测试

你可以登录人本教练研究中心网站 rencoaching.com，测试你承诺能力的运用情况。根据这份测试报告，来设定、检视及修正你的目标和行动计划。

>>> 第四步 按部就班

你只要跟随本效率手册的进度，就能掌握付出力，让你脱胎换骨，踏入人生另一阶段。

>>> 第五步 每日潜意识对话训练

你的潜意识是一个等待着你去开发的巨大宝藏，你的一些习惯曾经用理性思考与行动也不能改变，就是因为潜意识里没有接受。

>>> 第六步 成功总结

祝贺你，又有了一次人生成功的体验！这是成功的一刻，这是开心的一刻，你的心里一定有很多令你印象深刻的感受，把它写下来，然后，尽情地享受这美妙的时光吧！

重要建议

“人本教练模式系列效率手册”共有九本，根据人本教练模式的理论，九点领导力的起点是激情，有了激情，然后做承诺，采取负责任的态度，欣赏身边的一切，并心甘情愿地付出，信任他人，开创共赢的局面，这些过程会增添更大的激情，从而可以感召到更多的人参与，创造更多的可能性（详情请见《人本教练模式》一书）。因此你可以按照此顺序进行领导力训练。

九点领导力的训练是一个心态调适的过程，是一段内心的旅程，这个旅程可能不是一帆风顺的，当你有任何的需要时，可到我们的网站寻求尊贵传承教练的帮助，我们的网址：rencoaching.com。

承诺能力应用篇

教练技术是一门通过完善心智模式、调适心态来发挥潜能、提升效率的管理技术。教练通过对话，调适对方的信念和心态，对方在被教练的过程中自己找到答案，拟订行动计划，创造出符合目标的未来。教练的作用发挥在调适阶段，教练是调适的有效工具。（详情请参考《人本教练模式》一书，北京联合出版公司 2017 年版）

关于承诺 02

何谓承，何谓诺

“承诺”就是说到做到。“承”是意会字，在甲骨文字形里，“承”的上面像跪着的人，下面像两只手，合起来表示人被双手捧着或接着。许慎在《说文解字》里解释“承”为：“奉也，受也。”它的本义是捧着，后来演变为承担的意思。“诺”是形声字，《说文解字》这样解释，“诺，应也”。诺的本义为“表示”，是答应的方式和声音。对承诺进行了承和诺的区分后，对那些说了不做的行为，人本教练认为这是做了一次口头的宣言，而且仅仅是一次宣言而已。宣言和承诺是两个概念。宣言重“言”，所有的东西都在言说之中；承诺重“承”，一切均在行动之中。承诺不是看他说了什么，而是看他做了什么。做了宣言却不去行动，实际上也是在行动，只是行动的方向和宣言的方向是背道而驰的。用的是不行动的方式去行动，也就是说你仍然不愿意兑现宣言。别人听了你的宣言，也能感受到你的另外一种承诺，只是行动方向与宣言方向的不一致会增加你的不可信度罢了。承诺就是兑现你的宣言，在兑现宣言上，美国著名心理学家洛克（Edwin Locke）提出了目标设定理论，他认为人是被目标所激励的，即人之所以工作是因为人有目标，例如我希望我的企业可以成功上市，这个目标可以让人找方法将其达成。因此，目标是一个重要的激励，洛克认为决定一个人能否达到目标就是其对目标的承诺，若一个人对目标的承诺大，他达成目标的机会便高。人本教练模式里的承诺就是如此，承诺就是把你的宣言用实际行动去兑现。

当你宣言了一个标准后，一言既出，驷马难追，将心思和精力集中在宣言的目标上，并在宣言的期限内达到，这样才是真正的“一诺千金”。所以，承诺是一种自律，别人相信你的承诺是基于你的诚信，实现承诺的方法是聚焦。

自　律

自律就是愿意用承诺的内容来要求自己。

承诺是因为自律。愿意兑现承诺的人，一定是很自律的人，愿意用承诺的内容来要求自己。在人际关系中，有一个最基本的法则，即你能直接影响其行为的人，就是你自己。在三国时代，蜀国的丞相诸葛亮一生自律，忠于承诺。在《出师表》中，他把个人宣言说得很清楚："臣本布衣，躬耕于南阳，苟全性命于乱世，不求闻达于诸侯。先帝不以臣卑鄙，猥自枉屈，三顾臣于草庐之中，咨臣以当世之事，由是感激，遂许先帝以驱驰。"诸葛亮感受到刘备的诚意，承诺跟随刘备，后来受命于败军之际，诸葛亮也自律地实践承诺二十一年。他在《出师表》中也说："先帝知臣谨慎，故临崩寄臣以大事也。受命以来，夙夜忧叹，恐托付不效，以伤先帝之明。"受先帝之命后，诸葛亮一直都以自律的心态完成先帝之命，自南方平定后，他就主动申请北伐，其自律之心可见一斑。

在北伐前，诸葛亮再次上书，提到"（先帝）是故托臣而弗疑也。臣受命之日，寝不安席，食不甘味"。并再次宣言："臣鞠躬尽瘁，死而后已。"从《出师表》中，可以看到诸葛亮的确说到做到，他终其一生心系于复汉的大业，最后卒于五丈原。诸葛亮的一生正是自律的最佳表征。

在管理学上，人们一致认为，最有效、最经济的管理形式就是自我管理。所以，最有能力兑现承诺的就是我们自己。任何承诺看起来是对别人做的，本质上还是为自己做的。尤其是当你为生命定下一个承诺，就需要用一生的行动来完成。在自律的层面上，管理学大师彼得·德鲁克（Peter Drucker）提出了目标管理（Management by objective）理论，其基本理念就是员工和管理者之间互相制订目标，而这个目标要求员工做出自我管理，并对工作的进度做出自我评估，这是要求员工自律的管理方法。因此，德鲁克认为自我管理是有效的管理方法，这与人本教练模式的观点相同。

著名精神分析学家西格蒙德·弗洛伊德（Sigmund Freud）认为，人的心理发展阶段决定了一个人的性格发展。从出世的婴孩到青少年，共有五个性心理发展阶段，分别是口唇期、肛门期、性器期、潜伏期以及生殖期。这五个阶段中，肛门期着重是训练孩子的自律。孩子在肛门期的主要快感来源于学习把粪便排泄或保留，并且学会在适当的地方排泄。如果孩子不能学会管理排泄，他的心理发展便会停滞在肛门期，产生固执的人格。在临床研究上，这类人也会有恋粪便及肛交癖的现象。在弗洛伊德的理论中，我们可以看到自律在人的发展阶段中扮演着重要的角色。人本教练模式也认为自律是兑现承诺之本。

诚　信

诚信就是言而有信的态度。

承诺是一份心理合同，是一个非正式的契约。心理合同的本质是对无形的心理内容期待。从你宣言时开始，合同就在对方的心中生效，别人会根据你的宣言的内容，期待你的承诺在合同期满之前生效。当你单方面把心理合同撕毁，打破别人的期待时，别人就不会再信任你。孔子曰："人而无信，不知其可也。大车无輗，小车无軏，其何以行之哉？"他认为，当一个人言而无信，就不知道自己应当如何做人。就像大车小车没有横木上的关键部件，是不能行走的。所以诚信就是做人的基础。

心理合同是非正式的，有很多不确定性，你可以变更合同的内容。假如你向朋友借了一本他珍藏的书，答应一个星期内看完，但是你因为出差只读了一半，而你又非常想看完这本书，这时你就需要与朋友协商，为你的承诺增加"补充协议"，对方的期待同样会随着"补充协议"而调整。承诺这个心理合同可以处在不断变更和修订的状态。不过，要双方协商，取得同意才可以。

在诚信的范畴上，心理学家埃里克·埃里克森（Erik Erikson）认为人有八个成长阶段，第一个就是信任和不信任

（由出生到 2 岁）阶段。家长的诚信就是表达和行动一致，令幼儿觉得世界是安全的，这样才可以建立起幼儿的信任心态。例如家长对小朋友的承诺就是爱，而家长不能兑现他的承诺，无法把爱带给小朋友，就是没有诚信。这会让小朋友对家长产生一种怀疑和不安全的感觉，继而不信任这个世界的其他人，对与人建立良好的关系产生怀疑，更甚者，还有可能产生婴儿精神分裂症。当小朋友长大后，遇上失意的事情时，他便会将这失意和小时候的不安全感挂钩。由此，我们可以看到埃里克森也认为诚信是决定一个人成长的重要基石，就如人本教练模式一样，你能否兑现你做出宣言的心理合同，就取决于你能否诚信地把心理合同兑现。

聚　焦

聚焦就是要去除一切干扰。

很多人的承诺难以实现，是因为有太多诱惑和干扰，不能专注于宣言的目标。一个人的外在表现和成绩，是由他的潜能减去干扰所得的结果，干扰越大，成果越微小。人的潜能是很大的，干扰阻碍了潜能的发挥，降低了人们的表现，使人们达不到目标。孔子曰："克己复礼为仁。"只有克制自己，不受外界的干扰影响，使自己的言行符合礼，这样才可以达到仁的目标。要做到仁，必须聚焦，去除一切干扰。影响承诺的干扰有很多，比如拖延的习惯。如果不排除干扰，承诺就会受影响；如果干扰占据了上风，承诺可能就无法兑现。最终留给别人的，只有一份遗憾、一丝不快；留给自己的，是内心的愧疚和信用的衰减。

找到真正的干扰，就找到了导致表现不佳的原因。教练要在这里对被教练者深入探索，否则被教练者有可能根本不清楚失信的真正原因。有时候，被教练者说出来的，或者他自认为的原因，只不过是一种表象，深层的"不为"动机是潜藏得更隐秘的干扰。在认知心理学上，干扰是使人遗忘的重要原因之一，它分为顺向干扰和逆向干扰。顺向干扰是先前的记忆会干扰之后的记忆，例如我换了新电话号码后，旧的电话号码会干扰我对新电话号码的记忆。逆向干扰是后来的记忆会干扰先前的记忆，例如我换了新电话号码后，新的电话号码会干扰我对旧电话号码的记忆。认知心理学的干扰理论为人本教练模式提供了重要依据，两者皆认为干扰会使人的表现降低。

在策略管理的理论中，聚焦是一个重要的策略。美国策略专家迈克尔·波特（Michael Porter）提出，聚焦（focus）是一种基本的商业策略。聚焦就是锁定特定的顾客群，先做市场区隔，再找出目标顾客，然后集中攻取这个特定的客户群。聚焦是企业成功的因素之一，与人本教练模式提及的内容有异曲同工之妙。

承诺也是一个自愿的行为，没有人能强迫你，除非你自己愿意。如果有些事情你不愿意承诺，你完全可以用拒绝来表明自己的真正想法，千万不要自欺欺人，伤害了别人，最终伤害到的肯定是自己。承诺是执着于个人的自律，承诺就是看你的心思放在哪里，承诺就是你在说了以后体现出来的行动。实现承诺一定要聚焦。如果你不想做一个没有信用的人，那就把焦点放在承诺的目标上，排除所有干扰，漂亮地履行你的心理合同。

行前测试 

现在，请你先登入 rencoaching.com 完成自我测量表。

自我测量表指引（网上测试）

第一次测试在使用本效率手册之前，建议你现在就用不多于十分钟的时间去测试，第二次测试在三个月后你成功的那一天。

需要提醒你：最佳的测试是用你的直觉来判断。请跟随你的直觉，而不是分析或他人的引导，只有你最了解你自己。

04 自我检视

回想过往的岁月里，你做过多少承诺？有多少是你说到做到的？又有多少是你只说不做的？你现在要对自己诚实，因为这些题目你只需要向自己交待。现在开始回答下列问题，请你认真检视自己现在的状况。

承诺就是说到做到

你认为自己有多大的机会，可以先诺、后承，说到做到？当你要履行自己的承诺时，你的感觉怎么样？请你把自己的看法和感受记下来。

如果你想不到合适的形容词来表达自己的感受，可以从下列的表格中选取跟你心情吻合的形容词。如果仍然未能找到最合适的形容词，你也可以在空白的地方填上最能反映你心情的词语。

（请你认真完成上面的问题，并在相应的选项前打上"√"；如果没有适合你的选项，你也可以选择在"其他"一栏写上你的答案。）

□	兴高采烈的	□	渴望的	□	全神贯注的	其他：	
□	无所畏惧的	□	自信的	□	欣喜若狂的	其他：	
□	欢乐的	□	无忧无虑的	□	骄傲的	其他：	
□	平静的	□	沮丧的	□	受伤的	其他：	
□	心情愉快的	□	尴尬的	□	闷闷不乐的	其他：	
□	轻松自在的	□	情绪低落的	□	宁静的	其他：	
□	失望的	□	生气的	□	挫败的	其他：	
□	不满的	□	绝望的	□	心痛的	其他：	

哪些时候你只是"说到，但做不到"？请你记下当时的情况和感受。

如果你想不到合适的形容词来表达自己的感受，可以从下列的表格中选取跟你心情吻合的形容词。

（请你认真完成上面的问题，并在相应的选项前打上"√"；如果没有适合你的选项，你也可以选择在"其他"一栏写上你的答案。）

□	兴高采烈的	□	渴望的	□	全神贯注的	其他：	
□	无所畏惧的	□	自信的	□	欣喜若狂的	其他：	
□	欢乐的	□	无忧无虑的	□	骄傲的	其他：	
□	平静的	□	沮丧的	□	受伤的	其他：	
□	心情愉快的	□	尴尬的	□	闷闷不乐的	其他：	
□	轻松自在的	□	情绪低落的	□	宁静的	其他：	
□	失望的	□	生气的	□	挫败的	其他：	
□	不满的	□	绝望的	□	心痛的	其他：	

哪些时候你是"说到做到"？请你记下当时的情况和感受。

....

....

....

....

如果你想不到合适的形容词来表达自己的感受，可以从下列的表格中选取跟你心情吻合的形容词。

（请你认真完成上面的问题，并在相应的选项前打上“√”；如果没有适合你的选项，你也可以选择在“其他”一栏写上你的答案。）

□	兴高采烈的	□	渴望的	□	全神贯注的	其他：	
□	无所畏惧的	□	自信的	□	欣喜若狂的	其他：	
□	欢乐的	□	无忧无虑的	□	骄傲的	其他：	
□	平静的	□	沮丧的	□	受伤的	其他：	
□	心情愉快的	□	尴尬的	□	闷闷不乐的	其他：	
□	轻松自在的	□	情绪低落的	□	宁静的	其他：	
□	失望的	□	生气的	□	挫败的	其他：	
□	不满的	□	绝望的	□	心痛的	其他：	

你唯有对自己自律，以诚信来履行你与别人协议的心理合同，并聚焦在你的承诺上，你才能屹立于天地之间。所有成功的领袖、企业家、管理人员、销售人员、教师，甚至为人父母者，莫不以承诺作为其行事为人的基石。言而无信的人，最终只会一事无成。唯有以自律、诚信和聚焦的态度处事，才能踏上成功之路。如果你不甘于一生一事无成，就要对自己的人生负责，以这本效率手册作为你人生路上的引路明灯，你的成功指日可待。

第二部分

具体操作

自律 01

第一次的检视

第一单元　自律（一）

第二单元　自律（二）

第三单元　自律（三）

培养自律的习惯：一切从生活开始

进度检视

承诺与你

你不要以为承诺跟你无关。在你每天的生活中，承诺都扮演着重要的角色。小到子女生日，你承诺为他们购买生日礼物；大到工作中你向上司以至管理层做出承诺，保证你在限期内完成自己的工作。任何一个群体的领袖都要为自己的一言一行负责，正所谓“君无戏言”，就是指那份对承诺的坚持。试想，如果一个领袖“说到做不到”，那么他所代表的群体将永远不能取信于人。

一个人如果没有承诺，他不仅无法被委以重任，甚至他的言行也将备受质疑。身边的人也不会尊重他，他的社交生活必定近乎停顿，他的人生将苦不堪言。孔子认为，治国者要做到仁，必须有以下的五种行为，分别是“恭”“宽”“信”“敏”“惠”，其中的“信”就是说到做到、信守承诺的意思。我们可以看到，治国者必须信守承诺才可以被委以重任，才能有效治理国家。如果你对家人没有承诺，他们不一定会跟你断绝关系，但他们绝不会信赖你；如果你对公司没有承诺，公司不一定会解雇你，但绝不会刻意栽培你；如果你对所属的群体没有承诺，他们不一定会将你隔绝于群体，但日后的交往必有隔阂。

当你完成本部分的练习后，你将会学到：

严于律己，实践承诺。

培养自律习惯。

在家庭生活、朋友交往和工作三大方面做到自律。

第一次的检视

请你在完成自律部分的练习后再来这页完成检视。

1. 当我承诺帮助我的朋友时，我会：

   □ 自律地完成。

   □ 不会把这些承诺太放在心上，不尽力而为；不能完成也不会怎么样。

   其他______________________

2. 我是一个：

   □ 对自己很严格的人，无论如何，我都会对自己的承诺守信，甚至放弃休闲娱乐。

   □ 对承诺不太守信的人。

   □ 对承诺很坚持的人。

   其他______________________

第一单元　自律（一）

自律就是承诺后严于律己，按时并保证质量地完成所定的目标。愿意实现承诺的人，一定是自律的人，愿意用承诺的内容来要求自己。

“承诺是因为自律”

在日常生活中，你身边的人有没有不自律的行为？这些行为可以是上班不准时、不能在限期前提交报告，也可以是决定减肥但最后没有实行。请将你的观察所得记录下来。

☐ 没有。

☐ 有，详细情况如下：

当别人不自律时，你的感觉怎样？

☐ 替他们难过，因为他们的不自律引致他人不便。

☐ 其他，详细情况如下：

在日常生活中，你曾做过哪些不自律的行为？你的不自律的行为可以在家庭内、工作上、朋友之间和其他人际关系中发生。试从这四个层面上回想。

家庭，详细情况如下：

工作，详细情况如下：

朋友，详细情况如下：

其他人际关系，详细情况如下：

当你不自律时，感觉如何？

难过，详细情况如下：

……………………………………………………………………

……………………………………………………………………

……………………………………………………………………

……………………………………………………………………

……………………………………………………………………

其他，详细情况如下：

……………………………………………………………………

……………………………………………………………………

……………………………………………………………………

……………………………………………………………………

……………………………………………………………………

如果你在生活中有不自律的行为，但仍不以为然，就需要反省一下。究竟你是不思进取，还是视他人如无物，漠视别人的权益？如果你甘于停留在目前的处境，那这本效率手册并不适合你。如果你想改善自己，你就需要按部就班，以完成承诺能力的训练。

日迁一善

日期：　　　　　　　　今天是第　　天

日迁一善

日期：　　　　　　　　　今天是第　　天

日迁一善

日期：　　　　　　今天是第　　天

日迁一善

日期：　　　　　　　今天是第　　天

日迁一善

日期：　　　　　　今天是第　　天

日迁一善

日期：　　　　　　　　今天是第　　天

日迁一善

日期：　　　　　　今天是第　　天

第二单元　自律（二）

“当你为生命定下一个承诺后，需要用一生的行动来完成。”

生活小品（一）：声浪扰人

试想以下的情况发生在你身上时，你会怎样处理？

夜深人静、好梦正酣的时候，你的邻居突然将电视的音量调大，令你从睡梦中惊醒。于是你起床，跑出自己的房子，到邻居那里理论。没想到你的邻居对你说：“用不着你来干涉我。”然后关门，电视的音量依然震耳欲聋。

你认为问题出在哪里?

……………………………………………………………………………………

……………………………………………………………………………………

……………………………………………………………………………………

……………………………………………………………………………………

你的邻居做了什么?

……………………………………………………………………………………

……………………………………………………………………………………

……………………………………………………………………………………

……………………………………………………………………………………

你的邻居做了不自律的行为，其他自律的人受到了怎样的伤害?

……………………………………………………………………………………

……………………………………………………………………………………

……………………………………………………………………………………

……………………………………………………………………………………

生活小品（二）：霸占座位

早上，当你乘坐公交车时，车上挤满了人。环顾四周，你发现其中一位乘客将他的手提包放在另一个座位上，而他身旁站着一位行动不便的乘客。于是你上前和他说，请他将手提包拿开，让那位行动不便的乘客可以坐下。没想到那位霸占座位的乘客对你说："那我的手提包要放在哪里？这是我的权益。这事跟你有什么关系，用不着你多管闲事。"

你认为问题在哪里？

……………………………………………………………………

……………………………………………………………………

……………………………………………………………………

……………………………………………………………………

你认为那位霸占座位的乘客合理吗？原因何在？

……………………………………………………………………

……………………………………………………………………

……………………………………………………………………

……………………………………………………………………

对这位霸占座位的乘客的所作所为，你有怎样的感受？

当人不自律时，可能会有一时的快感。但试想当你自律时，你身边的人不自律，你的感觉会如何？如果你老是以你的快乐为依归，而漠视别人的感受，那你的所作所为和故事中半夜吵人的邻居、霸占座位的乘客有没有分别？

上述案例在生活中经常发生，下面请试着列举一些你曾经遇到过的别人不自律的行为，然后按下列的练习来检视你处理这类事情的模式。

别人不自律的行为：

你认为问题出在哪里？

那些人做了什么？

当那些人做了不自律的行为时，其他自律的人受到了怎样的伤害？

日迁一善

日期：　　　　　　　　今天是第　　天

日迁一善

日期：　　　　　　　今天是第　　天

日迁一善

日期：　　　　　　今天是第　　天

日迁一善

日期：　　　　　　　　今天是第　　天

日迁一善

日期：　　　　　　　　今天是第　　天

日迁一善

日期：　　　　　　今天是第　　天

日迁一善

日期：　　　　　　　今天是第　　天

第三单元　自律（三）

“人为什么要承诺？是为了讨别人的喜欢？还是为了达到物质上的目的？”

你承诺是因为自律，自律最终是为了你自己。现在，回想你在家庭、朋友和工作中，有自律的习惯吗？请你回想你是如何培养自律的习惯的。

我的家庭：

……………………………………………………………………

……………………………………………………………………

……………………………………………………………………

……………………………………………………………………

……………………………………………………………………

我的朋友：

我的工作：

你每天的生活是否缺乏自律？困难何在？

日迁一善

日期：　　　　　　　　今天是第　　天

日迁一善

日期：　　　　　　　　今天是第　　天

日迁一善

日期：　　　　　　　　　　今天是第　　天

日迁一善

日期：　　　　　　　今天是第　　天

日迁一善

日期：　　　　　　　　今天是第　　天

日迁一善

日期：　　　　　　今天是第　　天

日迁一善

日期：　　　　　　今天是第　　天

培养自律的习惯：一切从生活开始

你如何在生活中培养自律的习惯？请想一想你每天需要完成的项目，然后将这些项目填写在下表内。

例子：

家庭	完成的方法
1. 关心父母	1. 每天致电父母，与他们倾谈
2.	2.
3.	3.
4.	4.
5.	5.
朋友	**完成的方法**
1. 了解身边的朋友	1. 每周邀约一位朋友共进晚餐
2.	2.
3.	3.
4.	4.
5.	5.

（续表）

工作	完成的方法
1. 完成公司所付托的工作	1. 列出完成工作的步骤，并按步骤完成
2.	2.
3.	3.
4.	4.
5.	5.

我每天要完成的事项有：

家庭	完成的方法
1.	1.
2.	2.
3.	3.
4.	4.
5.	5.
朋友	完成的方法
1.	1.
2.	2.
3.	3.
4.	4.
5.	5.

（续表）

工作	完成的方法
1.	1.
2.	2.
3.	3.
4.	4.
5.	5.

你每天要完成的事项有多少？相信每个事项对你来说都是重要的。但如果一天的时间不够你完成这些事项，只够你完成其中的 9 个事项，你会如何选取？请你从上表中选取你认为一天内必须完成的 9 个事项，然后将它们排列在下表中。

家庭	完成的方法
1.	
2.	
3.	
朋友	完成的方法
1.	
2.	
3.	
工作	完成的方法
1.	
2.	
3.	

相信你已确定了这些事项的次序。你要细想一下，为什么这些事项对你来说是重要的。请你在下面的表格内，填写这些事项对你的意义。

事项名称	事项对我的意义
家庭	
1.	
2.	
3.	
朋友	
1.	
2.	
3.	
工作	
1.	
2.	
3.	

你已填写了每一个事项对你的重要性。假如你现在只可以选取其中 6 个最重要的事项来完成，你的选择会不会跟当初有所不同？请你把这 6 个最重要的事项填在下表内。

我每天需要完成的最重要的 6 个事项

家庭			
1.			
2.			
朋友			
3.			
4.			
工作			
5.			
6.			

恭喜你，你已将自己每天要完成的事情排序好了。如果你每天有足够的时间完成所有的事项，那是最好不过的。但如果你的生活很忙碌，不能完成所有的事项，就请你按照刚才所选择的事项先后次序来完成。

日迁一善

日期：　　　　　　今天是第　　天

日迁一善

日期：　　　　　　今天是第　　天

日迁一善

日期：　　　　　　今天是第　　天

日迁一善

日期：　　　　　　今天是第　　天

日迁一善

日期：　　　　　　　　今天是第　　天

日迁一善

日期：　　　　　　　今天是第　　天

日迁一善

日期：　　　　　　　今天是第　　天

进度检视

恭喜你，你已经完成了“自律”的三部分练习。现在，请你检视以下有关“自律”的达成度。（请选出适合你的情况的选项，并用圆圈圈出。）

1. 做到严于律己，实践承诺

达成度

0%　　50%　　100%

2. 培养自律习惯

达成度

0%　　50%　　100%

3. 在家庭、朋友、工作三个方面做到自律

达成度

0%　　50%　　100%

注意！别忘了返回本阶段的“第一次的检视”（第027页）部分，完成你的检视。

02 诚信

第一次的检视

第一单元　诚信（一）

第二单元　诚信（二）

进度检视

当你完成本部分的练习后，你将会学到：

实践心理合同。

用行为构建诚信。

敢于宣言，兑现承诺。

第一次的检视

请你在完成诚信部分的练习后再来这页完成检视。

1. 在宣言后，通常我会：

☐ 贯彻实现自己的宣言。

☐ 不太理会它。

☐ 会尽力实践它，不过如果遇到困难，我会放弃。

其他________________________

2. 我是一个__________的人

☐ 言而有信

☐ 言而无信

第一单元　诚信（一）

何谓诚信

诚信就是你说到又做到。当你说到又做到的百分比越高，你的诚信度就越高。你以往的行为常常被人们作为期望的基础，人们以此来判断你的宣言是否可信。信口开河，言而无信，是对诚信最大的破坏；敢于宣言，兑现承诺是诚信的根基。

诚信的检视

请回想过去三个月你曾向别人许下的承诺，并填写在下表内。

曾许下的承诺
1.
2.
3.
4.
5.

以上的宣言你完成了多少？请在下面以棒形图的形式来标示你已完成的百分比。

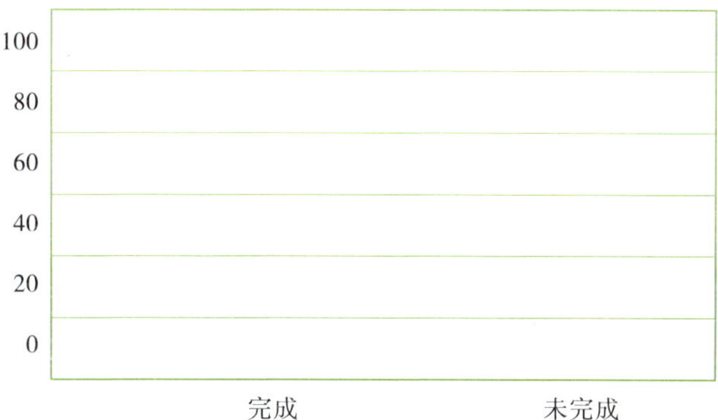

别人对你完成宣言的反应如何？请在下表中记下别人对你的反应：

你完成的宣言	别人的反应
1.	
2.	
3.	
4.	
5.	

别人对你尚未完成的宣言的反应如何？请在下表中记下别人对你的反应：

你尚未完成的宣言	别人的反应
1.	
2.	
3.	
4.	
5.	

请仔细留意以上的检视，你曾许下的宣言是否一一达标，你是否信誉良好？还是你只停留在宣言的阶段，并没有实践它，让别人感到失望？别人正是根据此来判断你是否常常食言。“信口开河”“言而无信”，是对诚信最大的破坏。请你回答以下问题，反省诚信对你的意义、有什么原因使你完成了宣言和有什么原因使你未能完成宣言。

1. 诚信对你的意义：

……………………………………………………………………

……………………………………………………………………

2. 过去有什么原因使你能兑现承诺？

……………………………………………………………………

……………………………………………………………………

3. 过去有什么原因使你未能兑现承诺？

胡乱许下承诺，等于单方面毁掉心理合同，使对你有所期待的人感到失望。心理合同犹如一份无形的书面协议，自你许下承诺开始，合同便会在对方心中生效。在合约期满之时，别人会期待你所承诺的内容。因此，我们在定下心理合同的同时，需要为承诺定下一个明确的目标和定时的检查进度，并检讨结果是否达标。

第二单元　诚信（二）

在以下的练习中，请你用 SMART 系统（有关目标设定指引的内容，请参阅本效率手册的附录部分）来练习如何自制一份关于你的日常生活 / 工作目标的宣言。这项练习为期一个月，并且每星期检视一次。

以下是宣言的例子：

心理合同

1. 你要对别人许下什么宣言？

   本周内完成业绩报告。

2. 目标是否合理？

   合理，一周的时间足够完成。

3. 你有信心完成这个宣言吗？

□ 有：事在人为。

□ 没有：______________________________

4. 预期会有什么困难出现（如果有，请详细列出）

□ 有：时间不够。

____

□ 没有：______________________________

5. 如果出现预期中的困难，你的感受是：

□	平静的	□	沮丧的	□	受伤的	其他：	
□	愉快的	□	尴尬的	□	闷闷不乐的	其他：	
□	轻松的	□	情绪低落的	□	宁静的	其他：	
□	失望的	□	生气的	□	挫败的	其他：	
□	不满的	□	绝望的	□	心痛的	其他：	

6. 你计划如何解决困难？

加班工作。

7. 如不懂得解决，谁能给予支持？

同事。

请你参照上面的例子，为自己的宣言定下一张心理合同，然后用一周的时间来完成。

心理合同

1. 你要对别人许下什么宣言？

____

2. 目标是否合理？

____

3. 你有信心实现这个宣言吗？

☐ 有：______________________________

☐ 没有：______________________________

4. 预期会出现什么困难？（如果有，请详细列出）

☐有：______________________________

☐没有：______________________________

5. 如果出现预期中的困难，你的感受是：

☐	平静的	☐	沮丧的	☐	受伤的	其他:	
☐	愉快的	☐	尴尬的	☐	闷闷不乐的	其他:	
☐	轻松的	☐	情绪低落的	☐	宁静的	其他:	
☐	失望的	☐	生气的	☐	挫败的	其他:	
☐	不满的	☐	绝望的	☐	心痛的	其他:	

6. 你计划如何解决困难？

7. 如不懂得解决，谁能给予支持？

小 结

你所定下的目标是否能够达到？请你为自己打分，你认为自己完成目标的百分率有多少？请在下面的棒形图内标出你已完成和未完成的百分比。

当你能够紧守自己的宣言，并且将之付诸实行，你的感受如何？

当你的家人、朋友和同事看见你兑现承诺时，他们的反应如何？

日迁一善

日期：　　　　　　　今天是第　　天

日迁一善

日期：　　　　　　　　今天是第　　天

日迁一善

日期：　　　　　　　今天是第　　天

日迁一善

日期：　　　　　　　　今天是第　　天

日迁一善

日期：　　　　　　今天是第　　天

日迁一善

日期：　　　　　　　今天是第　　天

日迁一善

日期：　　　　　　今天是第　　天

日迁一善

日期：　　　　　　今天是第　　天

日迁一善

日期：　　　　　　　今天是第　　天

日迁一善

日期：　　　　　　　　今天是第　　天

日迁一善

日期：　　　　　　今天是第　　天

日迁一善

日期：　　　　　　　今天是第　　天

日迁一善

日期：　　　　　　今天是第　　天

日迁一善

日期：　　　　　　今天是第　　天

日迁一善

日期：　　　　　今天是第　　天

日迁一善

日期：　　　　　　今天是第　　天

日迁一善

日期：　　　　　　　　今天是第　　天

日迁一善

日期：　　　　　　　今天是第　　天

日迁一善

日期：　　　　　　　　今天是第　　天

日迁一善

日期：　　　　　　　　今天是第　　天

日迁一善

日期：　　　　　今天是第　　天

日迁一善

日期：　　　　　　今天是第　　天

日迁一善

日期：　　　　　　今天是第　　天

日迁一善

日期：　　　　　　今天是第　　天

日迁一善

日期：　　　　　　　　今天是第　　天

日迁一善

日期：　　　　　　今天是第　　天

日迁一善

日期：　　　　　　今天是第　　天

日迁一善

日期：　　　　　　　　　　今天是第　　天

进度检视

恭喜你，你已经完成了“诚信”的两大部分练习，现在，请你检视以下有关“诚信”的达成度。

1. 实践心理合同

达成度

0%　　　　50%　　　　100%

2. 用行为构建诚信

达成度

0%　　　　50%　　　　100%

3. 敢于宣言，兑现承诺

达成度

0%		50%		100%

注意！别忘了返回本阶段的“第一次的检视”（第 076 页）部分，完成你的检视。

03 聚 焦

第一次的检视

本周宣言

每天聚焦检视

进度检视

总体聚焦检视

何为聚焦

聚焦就是专注于宣言的目标，一个人的外在表现和成果，是由他的潜能减去外在干扰所得的结果，干扰越大，成果就越少。人的潜能是很大的，干扰阻碍了潜能的发挥，降低了人们的表现，使人们达不到目标。当你看见别人因为你遵守承诺而感到开心，你自豪吗？这正是因为你并没有让别人失望。很多人的承诺不能实现，是由于有太多的诱惑和干扰，不能专注在承诺的目标上。影响承诺的困扰有很多，例如：懒惰拖延的习惯、自视过高等。若“干扰”占了上风，使人未能专注，最后留给别人的也只有一份遗憾和失望，留给自己的则是诚信破产。因此，如果希望做一个有信用的人，你必须把焦点放在承诺的目标上，排除干扰。

当你完成本部分的练习后，你会学到：

找出干扰。

全心全意，投入目标。

第一次的检视

在完成目标的路途上，你会遇到哪些干扰？请写在下面，并用你的方法把这些干扰一个一个删掉吧！

你能做到聚焦吗？

你知道自己能聚焦于你的宣言上吗？

以下的题目，可以帮助你检视自己的情况。

1. 请回想过去一年，你最难忘的一个宣言是：

....

....

....

....

....

2. 这个宣言是否已经兑现？

☐ 是：

☐ 否：

3. 在兑现这个宣言时，你受到了哪些干扰？

4. 你面对这些影响达标的干扰时有什么感觉？

5. 面对干扰时你采取了什么行动？

6. 这些干扰怎样影响你的宣言目标？

7. 在未来，这些干扰若再出现，你会采取什么策略来排除它们？

你已经知道了干扰是如何威胁你兑现承诺的，就一定要在日常生活中对此加以训练，履行你的宣言。

请你在本周内给自己定下一个承诺，承诺的兑现日期是一周后。内容可以是日常生活、工作、人际关系或个人突破等。

本周宣言

1. 你的宣言内容：

2. 你拟定的明确目标：

3. 你要如何测量成果？

4. 你每天怎样测量进度？

5. 你预计会出现什么干扰？你准备怎样应付？

（1）干扰：

（2）解决方法：

每天聚焦检视

聚焦第一次

聚焦第二次

聚焦第三次

聚焦第四次

聚焦第五次

聚焦第六次

七天的聚焦

聚焦第一次

1. 今天你所做的承诺的进度是：

2. 今天出现的干扰是：

3. 你今天怎样处理这些干扰？

……………………………………

……………………………………

……………………………………

……………………………………

4. 以上的干扰是否合乎你的预期？

☐ 是（具体说明是哪一点）……………………

☐ 否（具体说明是哪一点）……………………

聚焦第二次

1. 今天你所做承诺的进度是：

....

....

....

....

....

2. 今天出现的干扰是：

....

....

....

....

....

3. 你今天怎样处理这些干扰？

....

....

....

....

4. 以上的干扰是否合乎你的预期？

☐ 是（具体说明是哪一点）..

☐ 否（具体说明是哪一点）..

聚焦第三次

1. 今天你所做的承诺的进度是：

2. 今天出现的干扰是：

3. 你今天怎样处理这些干扰？

……………………………………………………………………

……………………………………………………………………

……………………………………………………………………

……………………………………………………………………

4. 以上的干扰是否合乎你的预期？

☐ 是（具体说明是哪一点）……………………………………

☐ 否（具体说明是哪一点）……………………………………

聚焦第四次

1. 今天你所做的承诺的进度是：

2. 今天出现的干扰是：

3. 你今天怎样处理这些干扰?

……………………………………………………………………………………

……………………………………………………………………………………

……………………………………………………………………………………

……………………………………………………………………………………

4. 以上的干扰是否合乎你的预期?

□ 是(具体说明是哪一点)……………………………………

□ 否(具体说明是哪一点)……………………………………

聚焦第五次

1. 今天你所做的承诺的进度是：

2. 今天出现的干扰是：

3. 你今天怎样处理这些干扰？

....

....

....

....

4. 以上的干扰是否合乎你的预期？

☐ 是（具体说明是哪一点）..

☐ 否（具体说明是哪一点）..

聚焦第六次

1. 今天你所做的承诺的进度是：

2. 今天出现的干扰是：

3. 你今天怎样处理这些干扰？

……………………………………………………………………

……………………………………………………………………

……………………………………………………………………

……………………………………………………………………

4. 以上的干扰是否合乎你的预期？

□ 是（具体说明是哪一点）………………………………

□ 否（具体说明是哪一点）………………………………

七天的聚焦

请你将前面的六次聚焦进度情况，以棒形图的形式列在下面。

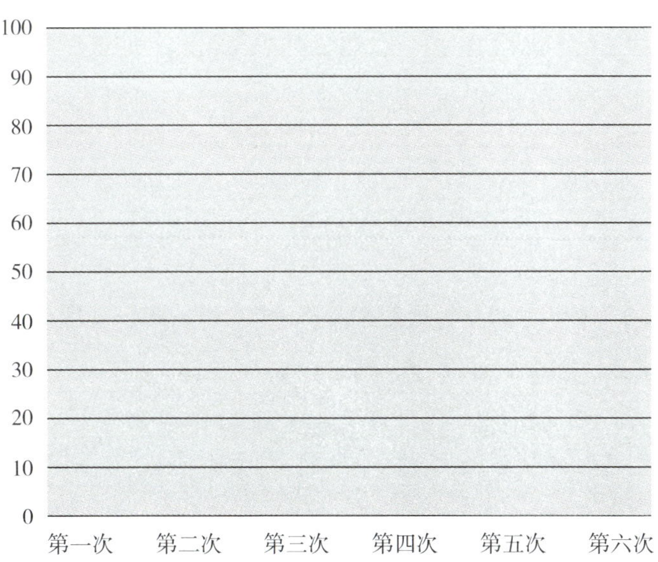

今天是你的承诺兑现日期，你的承诺是否能兑现?

过去一周干扰你的因素是：

....

....

....

....

你能够成功处理干扰的因素吗?

□ 能。请详细说明你是怎样处理干扰，完成目标的。

....

....

....

....

□ 否，请找出影响你的各项干扰，并检讨你处理这些干扰的不当之处。

....

....

....

....

从过去一周的练习中，你学到了什么？

……………………………………………………

……………………………………………………

……………………………………………………

……………………………………………………

对自己的忠告：

……………………………………………………

……………………………………………………

……………………………………………………

……………………………………………………

以上的练习可以让你明白，如果你想成功聚焦于宣言，就必须排除一切干扰。每个人的干扰因素不尽相同，只要你用心留意自己的生活，必定可以找出妨碍自己成功的因素，然后你要抚心自问，如何才能克服这些干扰。在这个过程中，你会尝到成功的滋味，也会体会到失败的痛楚。为了不让这些宝贵的经验白白浪费，你需要不断反省自己在经验中学到了什么。

日迁一善

日期：　　　　　　　今天是第　　天

日迁一善

日期：　　　　　　　　今天是第　　天

日迁一善

日期：　　　　　　今天是第　　天

日迁一善

日期：　　　　　　今天是第　　天

日迁一善

日期：　　　　　　　　今天是第　　天

日迁一善

日期：　　　　今天是第　　天

日迁一善

日期：　　　　　　今天是第　　天

日迁一善

日期：　　　　　　今天是第　　天

日迁一善

日期：　　　　　　今天是第　　天

日迁一善

日期：　　　　　　今天是第　　天

日迁一善

日期：　　　　　　今天是第　　天

日迁一善

日期：　　　　　　　　今天是第　　天

日迁一善

日期：　　　　　　　　今天是第　　天

日迁一善

日期：　　　　　今天是第　　天

日迁一善

日期：　　　　　　今天是第　　天

日迁一善

日期：　　　　　　　今天是第　　天

日迁一善

日期：　　　　　　今天是第　　天

日迁一善

日期：　　　　　　今天是第　　天

日迁一善

日期：　　　　　　　　今天是第　　天

日迁一善

日期：　　　　今天是第　　天

日迁一善

日期：　　　　　　　　　今天是第　　天

日迁一善

日期：　　　　　　　　今天是第　　天

日迁一善

日期：　　　　　　　今天是第　　天

日迁一善

日期：　　　　　　　　今天是第　　天

日迁一善

日期：　　　　　　　今天是第　　天

日迁一善

日期：　　　　今天是第　　天

日迁一善

日期：　　　　　　　今天是第　　天

日迁一善

日期：　　　　　　今天是第　　天

进度检视

恭喜你，已经完成了“聚焦”这部分的练习，现在，请你检视以下有关“聚焦”的达成度。

1. 找出干扰

达成度

0%　　50%　　100%

2. 全心全意投入目标

达成度

0%　　50%　　100%

总体聚焦检视

在完成目标的路途上，你有哪些干扰？请写在下面，并用你的方法把这些干扰一个一个删掉吧！

提示：这里需要你做第二次自我测量表。

第三部分

总结补充

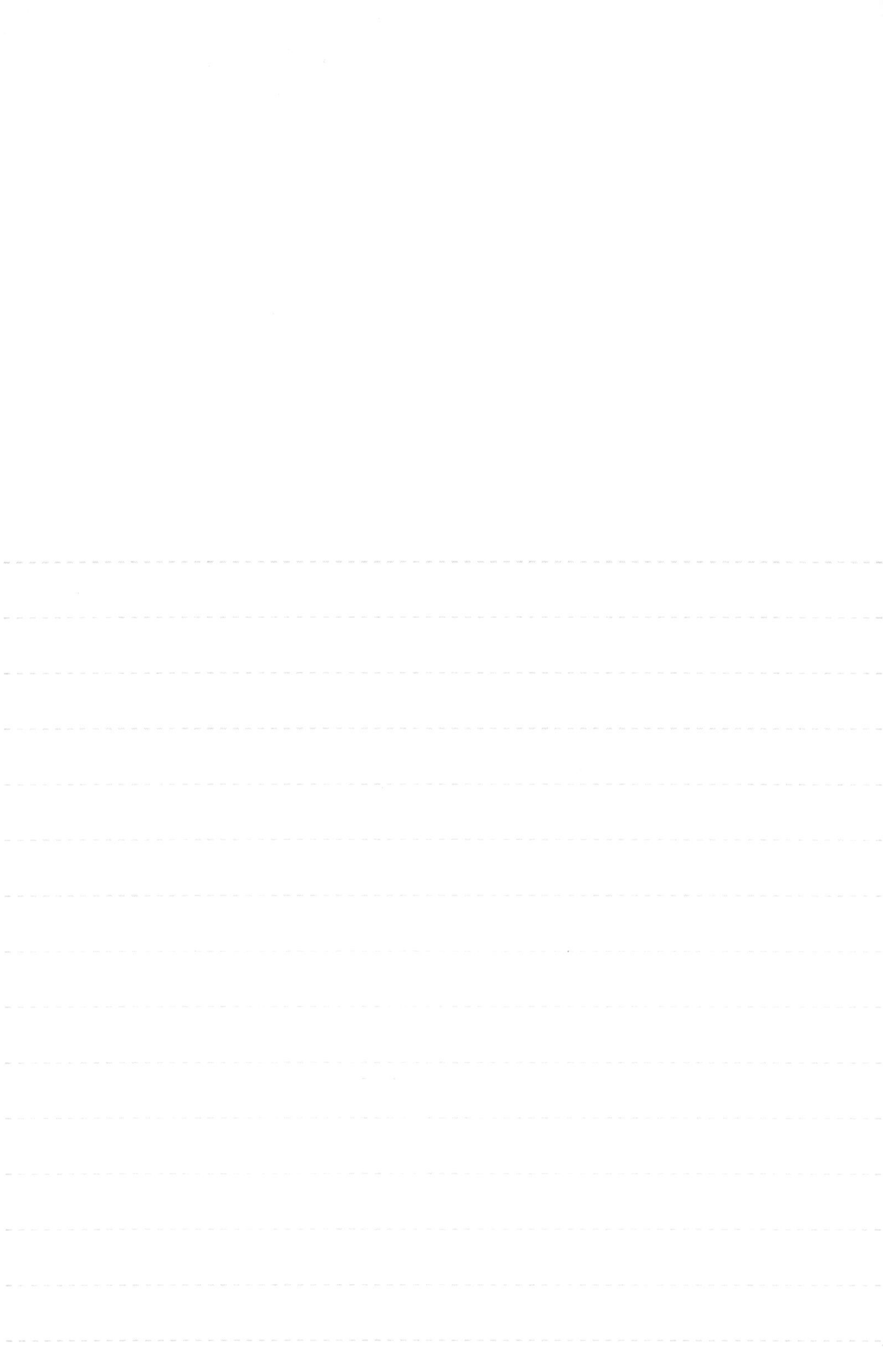

附 录 01

下面是关于目标设定的 SMART 系统的详细介绍：

specific	明确的
measurable	可测量的
attainable	可达到的
relevant	相关联的
track-able	可检视的

specific 明确的

目标是清晰明确的。直接、具体、清晰地说明什么时间做什么事，这样不仅自己很清晰明了，而且让别人一看也清晰明了。不能用相对的时间或数量，如“十五天内”或“增加三十万元”等，而要用具体的、绝对的时间或数量，如“至本年十二月三十一日，公司月营业额达到一百万美元”。

measurable 可测量的

目标是可以被自己或他人测量的。当目标明确之时，即用具体、绝对的日期或数量表现时，目标是可以被测量的。如用了多少时间，做到多少数量等，非常清晰。若目标用形容词或程度副词来设定，如“在最快的时间内做到最好”等，因每个人对“最快”和“最好”的标准不同，目标就会变得很难衡量。

attainable 可达到的

这里有两层意思。第一层意思是目标有可能在设定的时间内做到，具有实际操作的意义，而不只是一个一厢情愿的愿望、一个振奋人心的口号。如果目标不切实际，并不可行，那么不仅会流于形式，还会对自己构成压力，影响自信心。如“我要在某年某月某日前带领我的团队做到整个部门的总营业额的百分之五十”等，设定时要充分考虑是否有切实可行的步骤，是否真的可以做到。

第二层意思是目标需要付出努力才能做到，而不是按照常规做法就能做到。例如以一伸手就能摘到的果子作为目标就不是很有意义，以需要用尽全身力气跳起来才能摘到的果子来作为目标才有意义。假如平时的业绩已是每月一百万元，目标还设定为每月一百万元就显得没有意义，通过各种努力做到每月二百万元才有设定的意义。

relevant 相关联的

这里也有两层意思：第一，目标与行动计划是相关联的，行动计划是围绕目标制订的。如目标是关于提升领导力的，而行动计划却是关于公司业绩的，这两者就没有直接的关联。第二，目标与整体方向必须是相关联的、一致的。如大目标是“我要在某年某月某日（六个月内）把体重减至七十公斤”，而行动计划却只是关于公司业绩的提升，并没有关于减肥的内容，那就是没有直接的关联；又或者行动计划中只有两个月的计划是关于减肥的，那倒不如把大目标就设定为两个月。当然，你的大目标中可以有几个不同方面的目标，上述提及的只是目标和行动是否有联系或一致的问题。

track-able 可检视的

目标与行动计划在不同阶段的，要根据行动计划的特征定下检视点。当你觉得自己偏离了方向，或想调整前进的速度，甚至有一种新的体验和发现时，都可以及时修正行动计划。如“到某月某日（一个月内）减至七十公斤”，并不是指到一个月结束时才去量体重，你可以天天测量，也可以一周一次，在行动计划中你应该设下类似的明确的检视点。

02 参考书目

[1] Berk.L. Development Through the Lifespan [M]. Boston : Allyn & Bacon, 2003.

[2] Corey.G. Theory and Practice of Counseling and Psychotherapy [M].Belmont, CA : Wadsworth, 2000.

[3] Mullins.L. Management and Oranisational Behaviour [M]. UK : Prentice Hall, 2004.

[4] Berk.L. Development Through the Lifespan [M]. Boston : Allyn & Bacon, 2003.

[5] 黄荣华，梁立邦 . 人本教练模式 [M]. 北京：北京联合出版公司，2017.

[6] 徐西森 . 商业心理学 [M]. 中国台北：心理出版社，2002.

[7] 谈远平 . 中国政治思想：儒家与民主化 [M]. 中国台北：杨智出版社，2002.